랄랄라 학교생활 ❸ 수업 태도

 대장이 될 거야! (개정판)

2판 1쇄 발행 2024년 8월 12일
글쓴이 이서윤 | **그린이** 김중석
펴낸이 홍석 | **이사** 홍성우 | **편집부장** 이정은 | **책임편집** 조유진 | **디자인** 권영은 · 김영주
마케팅 이송희 · 김민경 | **제작** 홍보람 | **관리** 최우리 · 정원경 · 조영행
펴낸곳 도서출판 풀빛 | **등록** 1979년 3월 6일 제2021-000055호 | **제조국** 대한민국 | **사용연령** 6세 이상
주소 서울특별시 강서구 양천로 583 우림블루나인 A동 21층 2110호
전화 02-363-5995(영업) 02-362-8900(편집) | **팩스** 070-4275-0445
전자우편 kids@pulbit.co.kr | **홈페이지** www.pulbit.co.kr | **블로그** blog.naver.com/pulbitbooks | **인스타그램** instagram.com/pulbitkids

ISBN 979-11-6172-932-9 74810 | 979-11-6172-561-1(세트)

ⓒ 이서윤, 김중석

*책값은 뒤표지에 표시되어 있습니다.
*종이에 베이거나 긁히지 않도록 조심하세요. 책 모서리가 날카로우니 던지거나 떨어뜨리지 마세요.
*파본이나 잘못된 책은 구입하신 곳에서 바꿔 드립니다.

이서윤 글 | 김중석 그림

집중하는 내가 좋아!

라랄라 학교생활 ❸ 수업 태도

작가의 말

안녕하세요, 친구들! 이서윤 선생님이에요. 오늘 학교에서 수업 잘 듣고 왔나요? 수업에 영 집중하지 못했다고요? 선생님은 학교에서 수업을 잘 듣지 않고 말썽을 피우는 학생들을 자주 봐요. 혹시 여러분도 학교에서 이런 일을 겪은 적이 있는지 체크해 볼래요?

- 수업 시간에 떠들다가 선생님에게 혼난 적이 있다.
- 수업 태도가 좋지 않다는 말을 들은 적이 있다.
- 알림장을 쓰는 게 귀찮다.
- 숙제를 하지 않고, 준비물을 챙기지 않아 자주 혼난다.

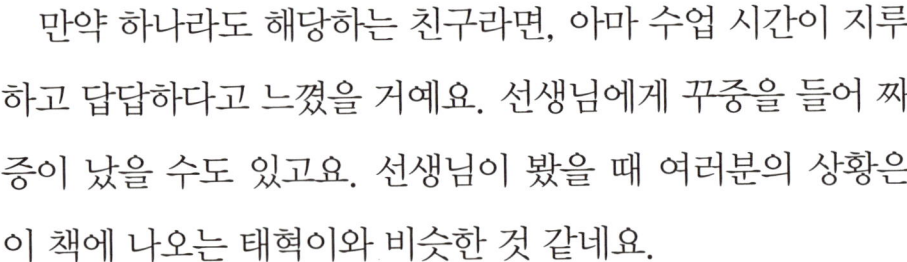

만약 하나라도 해당하는 친구라면, 아마 수업 시간이 지루하고 답답하다고 느꼈을 거예요. 선생님에게 꾸중을 들어 짜증이 났을 수도 있고요. 선생님이 봤을 때 여러분의 상황은 이 책에 나오는 태혁이와 비슷한 것 같네요.

선생님은 태혁이와 같은 친구들을 보면 안타까운 마음이 들어요. 조금만 노력하면 학교생활이 얼마든지 즐거워질 수 있거든요. 선생님 말을 잘 들으려고 애쓰고, 알림장을 매일매일 쓰고, 숙제를 열심히 하다 보면 신기하게도 학교가 즐거워질 거예요.

태혁이도 여러분처럼 수업 시간을 지루해하고 선생님과 부모님에게 꾸지람을 여럿 들어요. 그러던 어느 날 수업 시간에 집중하지 못하는 어린이들이 가는 '레드 월드'의 비밀을 알아채지요. 레드 월드에 가지 않기 위해 선생님과 다섯 가지 약속을 지키는 태혁이의 이야기를 통해 여러분도 올바른 수업 태도를 배워 보아요. 그럼 자연스레 집중력도 좋아질 거예요!

이서윤 선생님

차례

작가의 말 4

수업 시간은 지루해! 8
초롱초롱 수업 태도 올바른 수업 태도를 지닌 태혁이를 찾아보아요. 11

빨간 펜 알림장 12

로봇과 함께 14

또 또 또! 18

진짜 같은 꿈 21

우리 반 교실 반짝이 24

선생님에게 보내는 편지 27

또래 선생님 정태혁 29
초롱초롱 수업 태도 '내가 만약 선생님이 된다면?' 상상해 보아요. 33

레드 월드에서 온 편지 34

선생님과의 약속 37
초롱초롱 수업 태도 올바른 수업 태도를 위한 다섯 가지 약속. 40

약속과 규칙이 뭐길래? 41
초롱초롱 수업 태도 학교에서 지켜야 하는 약속을 적어 보아요. 45

알림장을 꼭 쓰자 46

숙제와 준비물 잊지 말기 50
초롱초롱 수업 태도 물건의 알맞은 뜻을 찾아 연결해 보아요. 53

얼음 땡! 54
초롱초롱 수업 태도 나는 수업 시간에 무슨 생각을 하나요? 59

두근두근 첫 발표 60
초롱초롱 수업 태도 나의 발표 경험을 적어 보아요. 65

빨간 펜 악당을 향해 발차기 66

집중력 대장 정태혁 69

보호자를 위한 우리 아이 집중력 높이기
자주 딴짓하는 우리 아이, 무엇이 문제일까? 72
집중력을 높이려면 어떻게 해야 할까? 73

수업 시간은 지루해!

초등학교 1학년 태혁이는 학교 가는 게 너무 재미있어요. 아침에 눈도 잘 떠지고 친구들과도 친해졌거든요.

단 하나 문제가 있다면, 수업 시간에 집중하지 못한다는 것뿐이에요.

"오늘은 글씨 반듯하게 쓰기 연습을 해 볼게요."

국어 시간에 담임 선생님이 말했어요. 태혁이는 5분 정도 따라 쓰다 교실 여기저기를 둘러보기 시작했어요. 가만히 앉아서 글씨만 쓰는 건 너무 지루했지요.

그때 사물함 위에 놓인 연필깎이가 보였어요.

'심심한데 연필이나 깎아야지!'

태혁이는 벌떡 일어나서 교실 뒤쪽으로 걸어갔어요. 선생님이 태혁이를 불렀지요.

"태혁아, 지금 뭐 하는 거니? 왜 수업 시간에 일어나서 돌아다니지?"

"연필 깎으려고요."

"연필은 미리 깎아 놔야지. 수업 시간에는 자리에서 일어나는 거 아니야."

태혁이는 입술을 삐죽 내밀고 자리로 돌아와 앉았어요.

'지우개 가루를 뭉쳐 볼까?'

여전히 심심했던 태혁이는 지우개 가루를 모아서 주물럭거렸어요. 그런데 지우개 가루가 모자란 거 있지요? 태혁이는 지우개 가루를 더 모으기 위해, 공책에 지우개를 열심히 문질렀어요.

얼마나 집중했는지 선생님의 목소리가 하나도 들리지 않았지요.

쫙!

태혁이의 공책이 찢어졌어요.

"태혁아, 또 뭐 하는 거니? 수업에 집중해야지."

선생님은 한숨을 푹 내쉬었어요.

어느덧 쉬는 시간이 되었어요. 태혁이는 후다닥 책을 덮고 복도로 우당탕 뛰어나갔어요.

옆 반 선생님이 태혁이를 불러 세웠어요.

"너, 몇 반 누구야?"

"저요? 1학년 3반 정태혁이요."

"복도가 운동장이니? 너 때문에 학교 무너지겠다. 뛰지 말고 조용히 다녀."

이번에도 태혁이는 입술을 삐죽 내밀었어요. 1학년 남자아이가 복도에서 좀 뛴다고 해서 이 큰 학교가 무너질 리 없잖아요. 태혁이는 머리를 긁적였어요. 하루 종일 혼만 난 것 같았지요.

초롱초롱 수업 태도

올바른 수업 태도를 지닌 태혁이를 찾아보아요.
정답은 두 개예요!

❶ 복도에서 쿵쾅쿵쾅 뛰어다녀요.

❷ 복도에서 선생님을 만나면 예의 바르게 인사해요.

❸ 수업 시간에 열심히 수업을 들어요.

❹ 수업 시간에 친구와 장난을 쳐요.

❺ 수업 시간에 연필을 깎아요.

정답: ❷, ❸

빨간 펜 알림장

"태혁아!"

엄마의 매서운 목소리가 거실에 쩌렁쩌렁 울려 퍼졌어요.

"너 수업 시간에 친구랑 장난쳤어?"

"응, 수업 시간이 지루해서! 근데 엄마 어떻게 알았어?"

엄마가 알림장을 쫙 펼쳤어요. 알림장에는 태혁이의 삐뚤빼뚤한 글씨 아래로, 담임 선생님의 빨간 글씨가 보였어요.

태혁이는 종종 수업 시간에 우유를 마십니다.

어제는 우유를 바닥에 흘려서 수업이 중단됐습니다.

또한 수업에 집중하지 못하고 친구와 이야기합니다.

가정에서 지도 바랍니다.

태혁이는 선생님이 고자질한 것 같아 화가 났어요. 엄마는 태혁이의 손을 꼭 붙잡고 이야기했지요.

"또 이런 알림장 받아 오면 안 돼. 우유는 쉬는 시간에 마시고, 장난치지 말고, 선생님 말씀 잘 듣고. 수업 시간에는 수업에만 집중해야지. 알겠지?"

대답하기 싫었지만 어쩔 수 없었어요. 엄마가 빤히 쳐다보았으니까요. 태혁이는 느릿느릿 고개를 끄덕였어요.

로봇과 함께

 한동안 담임 선생님의 빨간 펜은 자취를 감추었어요. 태혁이는 안심이 됐지만, 엄마 아빠는 아직인 것 같았어요. 학교만 다녀오면 오늘은 수업에 집중했는지 매일 물어봤지요.
 하루는 같은 반 친구 현모가 선생님 몰래, 학교에 로봇 장난감을 가져왔어요.
 "태혁아, 이게 내가 어제 말한 로봇이야."
 "우아, 엄청 멋지다!"

"멋지지? 생일 선물로 받았어. 내가 직접 조립한 거다?"

"나 이거 한 시간만 갖고 놀아도 돼?"

현모는 잠시 고민했어요. 그러고는 큰 결심을 한 듯 태혁이에게 로봇을 건넸지요.

"대신 잃어버리면 안 돼."

"당연하지!"

수업 시작종이 울렸어요.

태혁이는 로봇을 가지고 자리로 돌아왔어요. 그런데 자꾸

수학 교과서는 눈에 안 들어오고, 바지 주머니에 넣어 둔 로봇만 눈앞에 아른거렸어요. 로봇이 꺼내 달라고 소리치는 것 같았지요.

    태혁이는 빨간 펜 알림장이 생각났어요. 로봇을 꺼내면 분명 선생님에게 빨간 펜 알림장을 받을 거예요. 마음을 접으려는 순간, 수업 시작 전 현모가 했던 말이 떠올랐어요.

    "다음 쉬는 시간엔 돌려줘야 해. 이번 한 시간만이야."

    태혁이의 손은 어느새 로봇을 꺼내고 있었어요. 수업 시간이지만 어떡하겠어요. 지금밖에 시간이 없는걸요!

책상 위에 로봇이 우뚝 섰어요. 역시 멋있고, 반짝반짝 빛나고, 근사했지요. 선생님을 힐끗 보았더니 다행히 칠판에 무언가를 쓰고 계셨어요. 태혁이는 선생님이 안 보는 틈을 타서 로봇을 만지며 놀았어요.

'요즘에는 장난쳐도 알림장에 안 쓰시던데, 뭐. 그나저나 이 로봇 진짜 멋있다. 나도 사 달라고 해야지!'

또 또 또!

태혁이는 오늘 태권도 학원에서 기다리고 기다리던 이야기를 들었어요.

"곧 검은 띠 심사가 있으니 모두 열심히 연습하도록!"

신나는 기분으로 집에 들어갔지만, 엄마의 얼굴은 검은 띠보다 더 검은빛을 띠고 있었어요.

"정태혁, 너 이리 와!"

"왜?"

"왜는! 너 숙제도 안 하고, 준비물도 안 챙겨 가니? 엄마한테는 숙제도 하고, 준비물도 다 챙겼다고 했잖아. 수업 시간에는 친구들하고 계속 떠들고?"

태혁이는 짜증이 팍 났어요.

"선생님은 만날 엄마한테 다 얘기해!"

"다 너 잘되라고 엄마한테 전해 주시는 거지!"

태혁이는 속상했어요. 하지만 어쩌겠어요. 수업 시간에 자꾸 움직이고 싶고, 떠들고 싶은걸요.

엄마와 선생님은 태혁이가 주의 산만하다고 걱정했어요.

도대체 '주의 산만'이 뭐기에 걱정하는 건지 모르겠어요. 태혁이는 알림장을 슬쩍 보았어요. 선생님의 빨간 펜이 알림장 위에서 춤을 추고 있었지요.

태혁이는 수업 태도가 좋지 않습니다.

수업 시간에 친구들과 큰 소리로 떠들곤 합니다.

집중력이 향상될 수 있도록 가정에서 지도 바랍니다.

"선생님도 많이 고민하다가 엄마한테 알려 주신 거겠지. 태혁아, 학교에서 기본적인 규칙은 잘 지키자. 알았지?"

"응."

"대답만 하지 말고. 수업 시간에는 선생님 말씀에만 집중하고, 해야 할 일에만 몰두하면 돼. 알았지?"

"응."

태혁이는 울적했어요. 한동안 빨간 펜 알림장이 오지 않았던 건 선생님의 속임수였어요. 방심하게 만든 다음 이렇게 또 빨간 펜 알림장을 보내기 위해서요!

진짜 같은 꿈

레드 월드의 대장은 바로 담임 선생님이었어요!

"태혁아, 일어나. 학교 가야지!"

엄마가 태혁이의 어깨를 흔들었어요. 다행히 꿈이었지요. 온몸의 긴장이 확 풀린 태혁이는 두 눈을 끔뻑거렸어요.

'레드 월드 대장이 우리 선생님이라니…….'

우리 반 교실 반짝이

태혁이가 교실에 들어가자 선생님이 인사를 건넸어요. 태혁이는 인사를 하며 선생님을 힐끗 보았어요. 어쩌면 레드 월드가 진짜 있는 곳이고, 선생님이 진짜 레드 월드 대장일지도 몰라요!

오늘도 태혁이는 수업 시간마다 선생님에게 혼이 났어요.

"태혁아, 수업에 집중해야지. 안 되겠다, 오늘 수업 끝나고 교실 반짝이 하고 가렴."

교실 반짝이는 교실을 반짝반짝 깨끗하게 청소하는 거예요. 반마다 다르지만, 태혁이네 반은 그날 선생님에게 주의를 받은 친구들이 청소를 하고 있지요.

태혁이는 억울했어요. 수학 시간에 뒤돌아서 민서에게 자를 빌리고, 국어 시간에 공책 뒤에 낙서를 하고, 통합 교과 시간에 집에서 가져온 색종이로 종이비행기를 접었을 뿐인데 말이에요.

'이제는 교실 반짝이까지 하고 가란 말이지. 선생님은 레드 월드 대장이 틀림없어.'

태혁이는 3반을 대표하는 장난꾸러기 승현이, 현모와 함께 교실 청소를 했어요.

청소를 끝마친 태혁이는 터덜터덜 문을 나섰어요. 같이 교실 반짝이를 한 승현이와 현모가 인사를 했지요.

"잘 가, 태혁아!"

"너희도 잘 가. 내일 봐."

혼자 남은 태혁이는 우두커니 운동장 계단에 앉았어요. 운동장 저편에서 5학년 형과 누나들이 체육 수업을 하고 있었지요. 태혁이는 한숨을 푸우 쉬었어요.
'저 형과 누나들도 선생님한테 혼난 적이 있을까?'

선생님에게 보내는 편지

"정재잘, 뭐 해?"

"재잘아, 어디 가? 같이 가!"

언제부턴가 친구들은 태혁이를 '재잘이'라고 부르기 시작했어요. 수업 시간에 재잘거려서 붙은 별명이지요.

태혁이는 선생님이 미웠어요. 친구들이 재잘이라고 놀리는 것도, 엄마에게 잔소리를 듣는 것도, 교실 청소를 하는 것도 다 선생님 때문이니까요. 아니, 레드 월드 대장 때문이니까요!

태혁이는 책상에 앉아 일기장을 꺼냈어요. 그리고 빨간 펜을 들었지요.

> 레드 월드 대장은 맨날 어린이들을 괴롭힌다.
> 하고 싶은 걸 못 하게 하고 청소만 시킨다.
> 빨간 펜으로 고자질한다.
> 아이들을 레드 월드로 데려간다.

> 빨간 펜 악당과의 싸움에서 이기기 위해, 태권도를 열심히 해서 검은 띠를 따고 말 것이다!

"만약 선생님이 진짜 레드 월드 대장이라면 깜짝 놀라시겠지? 내가 선생님의 정체를 알고 있다고는 생각도 못 하실 테니까 말이야. 후후."

또래 선생님 정태혁

빨간 펜으로 일기를 쓴 후 속이 시원해졌던 태혁이는 다음 날 마음이 조마조마했어요.

'선생님이 혼내면 어쩌지?'

하지만 선생님은 태혁이에게 아무 말도 하지 않았어요. 일기장에도 그냥 태권도 연습을 열심히 하라고만 적혀 있었지요. 레드 월드는 정말 꿈에만 있는 걸까요? 선생님도 레드 월드 대장이 아니고요?

3교시 통합 교과 시간이었어요. 태혁이는 친구들과 다 같이 운동장에 나갔어요.

"여러분, 오늘은 태권도를 배울 거예요. 선생님 대신 또래 선생님이 여러분에게 태권도를 가르쳐 줄 거랍니다."

'또래 선생님?'

"또래 선생님은 태권도에 대해서 모르는 게 없어요. 선생님 대신 태권도를 가르쳐 줄 또래 선생님을 불러 볼게요."

선생님은 운동장에 서 있는 친구들을 둘러보았어요. 그리고 태혁이를 보고 씨익 웃었지요.

"정태혁!"

"네?"

"태혁이가 오늘 태권도를 가르쳐 줄 또래 선생님이에요. 친구들에게 태권도를 알려 주렴."

친구들은 모두 놀란 눈치였어요.

"재잘이가 또래 선생님?"

"태혁이가 태권도를 잘했나? 처음 알았네!"

태혁이는 처음에는 놀랐지만, 또래 선생님이 되다니 신이 났어요.

'레드 월드 대장이 또 무슨 꿍꿍이지? 아니면 나를 너무 괴롭혔다고 생각하는 건가? 일기장 보고 미안해졌나?'

태혁이가 친구들 앞에 섰어요. 그리고 멋지게 태권도 시범을 보였어요.

"이렇게 따라 하면 되는 거야. 내가 '시작' 하면 다 같이 해 보자. 자 그럼 시! 작!"

하지만 친구들은 따라 하지 않았어요.

"그게 아니라, 오른손을 이쪽으로!"

친구들은 태혁이의 말을 듣지 않고 옆 친구와 떠들기 바빴어요. 한순간도 태권도 수업에 집중하지 않았지요.

"얘들아, 장난 그만 쳐. 내가 하는 거 보고 따라 하라고!"

태혁이는 목이 쉴 지경이었어요. 아이들은 태혁이의 설명에 집중하지 않고 제멋대로였어요. 태혁이는 진땀이 뻘뻘 났

어요. 시계를 보니 겨우 10분이 지나 있었지요.
　'내가 수업 시간에 집중을 안 하면 선생님도 이런 기분일까? 너무 힘들어!'

초롱초롱 수업 태도

'내가 만약 선생님이 된다면?' 상상해 보아요.

❶ 내가 또래 선생님이 된다면 친구들에게 무엇을 알려 줄까요?
내가 잘하는 것을 적어 보아요.

_____

_____

❷ 친구들이 아래와 같은 행동을 하고 있어요.
어떤 말을 하면 좋을까요?

준비물을 안 가져온 친구

_____

_____

옆 사람과 떠드는 친구

_____

_____

레드 월드에서 온 편지

10분간 또래 선생님을 해 본 태혁이는 선생님의 마음을 조금은 알 수 있었어요.

'이렇게 힘드니까, 꿈에서 말 안 듣는 아이들을 레드 월드로 데려갔나 봐.'

하지만 태혁이가 선생님을 이해한 건 그때뿐이었어요.

하루 만에 원래의 정재잘로 돌아왔답니다. 여전히 수업 시간에 낙서를 하고, 다른 친구들에게 말을 걸며 딴청을 피웠어요. 여전히 수업 시간이 지루하고 재미없었거든요.

태혁이는 여느 때처럼 학교에 다녀와서 책가방을 던져 놓고 태권도 학원으로 쏜살같이 달려갔어요. 학원을 마치고 집에 왔는데, 오늘따라 평소엔 잘 열어 보지도 않던 책가방이 자꾸 눈에 띄는 게 아니겠어요? 태혁이는 책가방을 활짝 열었어요.

"어? 이게 뭐지?"

책가방에는 빨간 편지가 들어 있었어요.

수업 시간에 집중하지 않고, 딴짓하는 어린이는 레드 월드에 가게 됩니다. 정태혁 어린이는 14일 후 레드 월드에 갈 예정입니다.

"헉! 14일 후에 내가 레드 월드에 가게 된다고? 맙소사, 레드 월드가 정말 있는 곳이라니!"

어쩔 수 없이 태혁이는 레드 월드 대장, 담임 선생님에게 도움을 요청하기로 마음먹었어요.

선생님과의 약속

다음 날 아침 태혁이는 교실 문을 열자마자 선생님 자리로 갔어요.

"선, 선생님."

"그래, 태혁이 무슨 일이니?"

"레드 월드에서 편지를 받았어요. 선생님이 대장님이죠? 저 레드 월드에 가기 싫어요."

"선생님도 어쩔 수 없구나. 내가 대장이라고 해서 내 마음대로 할 수 있는 건 아니야. 빨간 펜 부하들이 레드 월드에 데려올 아이를 정하면 난 허락해 줄 수밖에 없거든."

태혁이는 깜짝 놀랐어요. 레드 월드가 정말 존재한다는 것도, 선생님이 레드 월드 대장이라는 것도, 14일 후 자신이 레드 월드에 가게 된다는 것도 모두 믿을 수 없었지요.

"선생님, 레드 월드에 가면 어떻게 되는 거예요? 안 갈 수는 없나요?"

"사실 방법이 하나 있긴 해."

"뭔데요?"

"기회를 잡으면 돼. 아이들을 레드 월드에 데려가기 전 마지막 기회를 주거든."

선생님이 무언가 적힌 종이 한 장을 건넸어요.

"이 다섯 가지 약속을 잘 지키면 선생님이 칭찬 스티커를 붙여 줄게. 14일 동안 스티커 열 개를 모으면 레드 월드에 가지 않아도 된단다."

태혁이는 다섯 가지 약속을 살펴보았어요.

1. 알림장 쓰기
2. 가정 통신문 챙기기
3. 숙제와 준비물 챙기기
4. 수업 시간에 집중하고 열심히 참여하기
5. 다른 친구들 방해하지 않기

"그리고 하나 더."

"네? 또 뭐요?"

태혁이는 겁이 난 표정으로 선생님을 쳐다봤어요.

"겁낼 필요 전혀 없어. 만약 태혁이가 약속 통장에 스티커를 다 모으면 레드 월드에 가지 않을 뿐 아니라, 기념으로 로봇도 받게 될 거야."

"네? 로봇을요?"

"잘할 수 있겠니?"

"그럼요!"

초롱초롱 수업 태도

올바른 수업 태도를 위한 다섯 가지 약속

1. 알림장 쓰기
2. 가정 통신문 챙기기
3. 숙제와 준비물 챙기기
4. 수업 시간에 집중하고 열심히 참여하기
5. 다른 친구들 방해하지 않기

*위의 약속을 잘 지켜 스티커 열 개를 모아요.

약속과 규칙이 뭐길래?

태혁이는 약속 통장을 들고 집으로 돌아왔어요. 온종일 긴장했던 마음이 풀리는 것 같았지요.

그런데 그 순간도 잠시, 책가방 안에 며칠 전 레드 월드에서 날아온 것과 똑같은 빨간색 편지 봉투가 들어 있는 게 아니겠어요? 태혁이는 심장이 쿵 내려앉는 것 같았어요.

'뭐지? 선생님은 분명 마지막 기회가 있다고 하셨는데.'

태혁이는 조심스럽게 편지 봉투를 열어 보았어요.

안녕?

나는 레드 월드에 사는 빨간 펜 병정이야. 나도 원래는 초등학생이었어. 마지막 경고까지 무시하다가 레드 월드에 오게 되었지. 너만큼은 이곳에 오지 않았으면 하는 마음으로 이 편지를 써.

태혁이 너는 학교에서 가장 중요한 게 뭐라고 생각해? 국어? 수학? 아니야. 바로 약속과 규칙이야. 학교에는 '수업에 집중하고, 열심히 참여하기.'라는 규칙이 있고, 학생들은 그 규칙을 잘 지키겠다는 의미로 학교에 오며 약속을 지키지.

누구는 수업 시간에 노래를 부르고 싶고, 누구는 큰 소리로 떠들고 싶을 거야. 수학 시간에 동화책을 보고 싶은 사람도 있고, 국어 시간에 만화책을 보고 싶은 사람도 있겠지. 그런데 만약 모든 친구가 하고 싶은 대로 다 한다면 교실이 어떻게 될까? 엉망이 되겠지?

학교에서 왜 약속과 규칙을 지켜야 할까? 선생님에게 혼나지 않기 위해서? 아니야. 우리 모두 즐거운 학교생활을 하기 위해 약속과 규칙을 지켜야 하는 거야. 수업 시간에 집중해 보면 알게 될 거야. 선생님 그리고 친구들과 함께하는 수업 시간이 정말 즐겁다는 걸 말이야.

스티커 열 개를 모아서 이곳에 오지 않길 바랄게.

태혁이는 편지를 읽고 또 읽었어요. 친구들과 같이 놀 때 약속과 규칙을 지키지 않고, 자기 마음대로 하는 친구들이 생각났어요.

'친구들이랑 놀 때도 약속을 어기고, 규칙을 안 지키면 재미없는데……. 그것처럼 학교에서도 약속과 규칙이 중요하구나. 처음 알았네.'

초롱초롱 수업 태도

학교에서 지켜야 하는 약속을 적어 보아요.

교실 약속

_____

_____

_____

복도 약속

_____

_____

_____

도서실 약속

_____

_____

_____

운동장 약속

_____

_____

_____

알림장을 꼭 쓰자

다음 날부터 태혁이와 담임 선생님, 아니 레드 월드 대장님의 '레드 월드 안 가기 프로젝트'가 시작됐어요.

태혁이는 모든 수업이 끝나고 교실에 남았지요.

"태혁이 오늘 알림장 썼니?"

"아니요."

"알림장을 써야, 오늘 해야 할 숙제를 알 수 있는데. 내일 필요한 준비물이 무엇인지도 알 수 있고. 알림장 꺼내 보렴."

태혁이는 거의 새것처럼 보이는 알림장을 꺼냈어요.

"알림장에 학년, 반, 이름도 쓰지 않았구나. 우선 이름부터 쓸까?"

삐뚤빼뚤한 글씨가 알림장 맨 앞 장을 채웠어요. 그리고 알림장을 펼쳐 날짜를 쓰고, 칠판에 적힌 내용을 받아 적었지요.

"글씨 또박또박 예쁘게 쓰자."

선생님은 알림장을 검사하고 '참 잘했어요' 도장을 찍어 주었어요. 태혁이는 도장을 받은 게 처음이었지요. 평소엔 알림장을 잘 쓰지도 않고, 써도 엉망으로 쓴 경우가 많았거든요. 태혁이는 기분이 좋아서 어깨가 으쓱해졌어요.

"선생님이 아까 준 가정 통신문은 챙겼니?"

"아니요. 어차피 엄마 핸드폰으로 알림 가잖아요. 꼭 챙겨야 해요?"

"물론이지. 핸드폰으로 안 가는 내용도 있으니까. 앞으로는 알림장을 쓸 때 가정 통신문도 같이 챙기기, 약속! 선생님이 가정 통신문을 가지고 다닐 수 있는 파일을 선물해 줄게."

태혁이는 얇은 파일을 건네받았어요.

"가정 통신문은 학교에서 보호자에게 전하는 편지 같은 거란다. 우체국에는 편지를 전달해 주는 집배원이 있다면, 학교에는 가정 통신문을 전달해 주는 학생들이 있는 거지."

"아하!"

가정 통신문이 보호자에게 전하는 편지였다니! 태혁이는 그동안 부모님께 갖다 드리지 않은 수많은 편지들이 생각났어요. 일주일 전 가정 통신문이 아직도 가방 안에 있고, 별생각 없이 책상 서랍에 구겨 넣은 적도 많았지요.

'이제는 알림장도 열심히 쓰고 가정 통신문도 잘 챙겨야겠다.'

태혁이는 학교 소식을 집으로 꼼꼼히 전하는 집배원이 되겠다고 다짐했어요.

숙제와 준비물 잊지 말기

"태혁아, 색연필 가져왔어?"

태혁이 짝꿍 민서가 물었어요.

"어? 색연필? 색연필은 왜?"

"오늘 준비물이잖아."

알림장에 적어 놓고도 깜빡 잊어버리고 말았어요. 어쩔 수 없이 태혁이는 민서와 색연필을 같이 쓰기로 했어요.

'여기는 빨간색으로 칠해야겠다.'

태혁이는 빨간 색연필을 찾았지만 아무리 찾아도 보이지 않았어요. 옆을 보니 민서가 소방차를 칠하고 있었어요.

"민서야, 빨간색 언제 다 써?"

"나 계속 써야 하는데?"

"빨리 쓰고 빌려줘."

"빨리 쓰기 힘들어."

태혁이는 빨간 사과가 주렁주렁 열린 사과나무를 그리고 싶었어요. 하지만 색깔이 없는 사과만 달려 있었어요.

"나만 완성하지 못했네. 치, 이게 뭐야."

민서가 태혁이를 힐끗 쳐다보았어요.

"원래 준비물을 안 가져오면 수업이 재미없어. 집중도 안되고. 엄마가 그랬는데, 우리는 매일 학교로 여행을 가는 거래. 알림장은 학교 여행의 지도인 셈이지. 지도를 보고 준비물을 잘 챙기는 게 우리의 임무!"

"여행? 학교 가는 게 무슨 여행이야?"

"난 매일 저녁 책가방을 챙길 때 여행 가방을 싼다고 생각해. 태혁이 넌 미리 준비물을 안 챙기면 불안하지 않아?"

"난 괜찮은데······."

"준비물을 안 챙겨서 수업에 참여도 제대로 못 하고, 남아서 청소하는 것도 괜찮아?"

"그, 그건 싫지."

"거봐! 준비물을 챙겨 오면 수업 시간도 더 재미있고, 집중도 잘되고, 나쁠 게 하나도 없다니까?"

학교가 끝나고 집에 온 태혁이는 신발을 벗자마자 방으로 달려갔어요. 그리고 민서의 말을 떠올리며 책가방을 쌌지요.

"내일 시간표가 뭐지? 학교, 수학, 국어네. 교과서 다 챙겼고. 준비물도 다 챙겼고. 여행 준비 다 했다!"

초롱초롱 수업 태도

물건의 알맞은 뜻을 찾아 연결해 보아요.

준비물 ●   ● 학교의 소식을 전해 주는 종이.
　　　　　　　　　이걸 받으면, 보호자에게 꼭 보여 줘야 해요.

알림장 ●   ● 학교에서 가정에 알릴 내용을 적는 공책.
　　　　　　　　　여기에 준비물이나 숙제가 적혀 있기도 해요!

가정
통신문 ●   ● 책이나 학용품을 넣어 다니는 가방.
　　　　　　　　　하루 전에 미리 가방을 챙겨 놓으면 좋아요.

책가방 ●   ● 필요한 때를 대비해 미리 준비하는 물건.
　　　　　　　　　잊지 말고 준비해야 학교생활을 잘할 수 있어요!

얼음 땡!

태혁이는 이제 책가방을 싸는 데 도사가 됐어요. 준비물도 챙겨 가고, 숙제도 해 가니 수업 시간이 더 재미있었지요. 물론 친구와 떠드는 것도 여전히 재미있었고요!

"요즘 수업 시간에 친구와 떠들고, 선생님 말을 안 듣는 친구들이 많아진 것 같아요. 그래서 선생님이 여러분과 수업 시간마다 게임을 할까 해요."

"게임이요?"

3반 친구들은 모두 머리를 갸우뚱거렸어요. 그동안은 떠드는 친구들이 많으면 선생님이 벌을 주거나 혼을 냈는데, 뜬금없이 게임이라니 이상할 수밖에요.

'어? 레드 월드 대장님이 무슨 속셈이지? 게임을 해서 날 레드 월드로 데려가려는 건가?'

태혁이는 등줄기에 땀이 흘렀어요.

"여러분과 선생님은 수업 시간마다 얼음 땡 놀이를 할 거예요. 얼음 땡 놀이 알지요?"

"움직이지 않고 가만히 있는 거요!"

"맞아요. 수업 종이 치면 그때부터 얼음 땡 놀이가 시작되는 거지요. 선생님이 수업을 시작하면 여러분은 '얼음'이에요. '얼음'이 되면 수업에 집중하는 거예요. 그리고 선생님 말을 경청하는 겁니다."

"선생님, 경청이 뭐예요?"

민서가 물었어요.

"경청은 잘 듣는 거예요. 하지만 귀로만 듣는 게 아니라 말하는 사람과 눈을 마주치고 마음으로 함께 듣는 거지요. 그러니까 귀와 눈과 마음으로 듣는 것을 말해요."

"귀와 눈, 마음으로 듣기요?"

태혁이가 다시 물었어요.

"태혁이가 친구에게 말을 걸었는데 친구가 태혁이 말을 잘 듣지 않고 다른 친구와 장난만 치면 어떨까요?"

"기분 나쁠 것 같아요."

"맞아요. 그래서 누군가 말을 할 때는 경청하는 게 중요해요. 수업이 시작되면 모두 '얼음'을 하고 수업을 경청해요. 만약 얼음인데 움직이거나 장난을 치면?"

"그럼 술래가 되겠네요?"

"맞아요. 술래가 되는 거예요."

"술래가 되면 뭐 하는 건데요?"

"교실 반짝이를 해야 해요."

"으악, 싫어요!"

"대신 잘하면 칭찬 스티커를 모을 수 있지요!"

다음 날부터 1학년 3반 친구들과 선생님의 얼음 땡 놀이가 시작되었어요. 선생님이 수업을 시작하면 그때부터 '얼음'이었어요. 발표를 하거나 모둠 활동을 할 때는 '땡'이었고요.

    태혁이는 몸이 근질거렸어요. 짝꿍에게 말도 걸고 싶고, 낙서도 하고 싶었거든요. 하지만 선생님과 눈이 마주칠 때마다 '너 지금 얼음이잖아. 움직이면 술래야!'라는 목소리가 들리는 것 같았지요.

태혁이는 딴짓을 하고 싶을 때마다 스티커 열 장을 모으면 받을 수 있는 로봇을 떠올렸어요. 그리고 수업에 집중, 또 집중했지요. 그때 수업 종이 울렸어요. 드디어 즐거운 '땡'이 된 거예요.

친구 몇 명은 술래가 되어서 교실 반짝이를 하기도 했어요. 하지만 태혁이는 단 한 번도 술래를 하지 않았어요. 선생님은 태혁이에게 살짝 윙크를 보냈답니다.

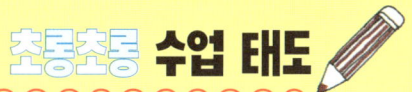

평소 나는 수업 시간에 무슨 생각을 하나요?

수업 시간에 내가 한 생각들을 적어 보아요.
머릿속 생각 풍선이 클수록 그 생각을 많이 했다는 뜻이에요.

두근두근 첫 발표

어느덧 레드 월드 대장님과 약속했던 14일 후가 코앞으로 다가왔어요. 그런데 아직 약속 통장에는 스티커가 여섯 장뿐이었어요. 알림장을 보고 숙제와 준비물을 잘 챙겨 오고, 수업 시간 얼음 땡 놀이에서 한 번도 걸리지 않은 날만 스티커를 받을 수 있거든요.

선생님과 약속 통장을 쓰면서 수업 시간이 더 재미있어진 건 사실이에요. 하지만 그 모든 것을 빠뜨리지 않고 수업 시간에 집중하는 것은 쉬운 일이 아니었어요.

'어떡하지?'

태혁이는 달력을 보며 한숨을 쉬었어요. 3일 동안 아무리 열심히 해도 스티커 열 개를 다 모으진 못할 거예요.

'결국 레드 월드에 가게 되는 건가?'

태혁이의 고민을 알아차렸는지, 모든 수업이 끝나고 담임 선생님이 태혁이를 불렀어요.

"태혁아, 딱 3일 남았네. 마음의 준비는 하고 있니?"

"아니요. 선생님, 저 정말 열심히 하고 있어요. 그런데 깜

빡깜빡할 때가 있어요."

"그래. 선생님도 알아. 하지만 태혁이 네가 필요한 스티커는 네 개. 남은 시간은 3일. 그래서 칭찬 스티커 세 개를 한꺼번에 받을 수 있는 방법을 알려 줄게."

"그게 뭐예요?"

"수업 시간에 발표하기. 태혁이 오늘 발표 몇 번 했니?"

"한 번도 안 했어요."

"그러니까 자꾸 다른 생각이 들고 집중이 안 되는 거야."

"그래도 손을 들면 부끄러운걸요."

"눈 딱 감고 한번 도전해 봐. 일단 쉬운 것부터 발표해 보는 거야."

선생님이 수업 시간에 해 보라고 하는 것은 참 많아요. 그림도 그리고, 만들기도 하고, 발표도 해야 하지요. 태혁이는 '발표'라는 말에 몸이 움츠러들었어요.

"스티커 세 개를 받을 수 있는 절호의 기회야. 내일 태혁이의 발표, 기다릴게!"

"네에에……."

태혁이는 모기만한 목소리로 대답했어요.

다음 날 1교시는 소고를 치면서 노래를 부르는 음악 시간이었어요. 평소 같으면 소고 채를 들고 장난쳤을 테지만 태혁이는 친구들과 함께 열심히 소고를 쳤어요. 함께 어우러진 소리가 꽤 그럴듯했지요.

2교시는 짝꿍을 그리는 시간이었어요. 태혁이는 민서를 여러 번 쳐다보면서 그림을 멋지게 완성했지요.

3교시는 국어 시간이었어요. 선생님이 재미있는 전래 동화를 들려주었지요.

"자, 지금까지 선생님이 '흥부와 놀부' 이야기를 들려줬는데, 느낀 점을 말해 볼 사람?"

태혁이는 손을 들까 말까 망설였어요.

'발표할까? 말까? 스티커를 다 모아야 레드 월드에 안 가는데……. 그래, 한번 해 보자!'

태혁이는 손을 번쩍 들었어요.

"태혁이가 손을 든 건 처음이네? 발표해 보세요."

"마, 만약 제가 놀부였다면 욕심내지 않고 흥부에게도 재산을 나눠 주었을 것 같아요."

"그래요. 태혁이가 발표를 아주 잘했어요."

발표를 하고 선생님 칭찬을 들으니 정말 뿌듯했어요. 발표는 생각보다 어려운 게 아니었어요. 수업 시간에 적극적으로 참여하니 하나도 지루하지 않았어요.

'어? 벌써 4교시가 끝났나?'

오히려 수업 시간이 금방 지나갔지요.

나의 발표 경험을 적어 보아요.

무슨 수업 시간에 발표를 했는지,
발표할 때의 기분과 끝나고 나서 느낀 점 등을 써 보아요.
만약 아직 발표 경험이 없다면, 용기를 내 보아요. 할 수 있어요!

빨간 펜 악당을 향해 발차기

 "태혁이 교실 반짝이 안 하는 거 같더라? 알림장에 빨간 글씨도 없고. 잘하고 있구나, 우리 아들!"
 태혁이는 요즘 매일 엄마에게 칭찬을 받았어요. 수업도 집중하다 보니 재미있었지요. 학교 가는 게 기다려질 정도로요.
 태권도를 마치고 돌아온 태혁이는 소파에 앉아 텔레비전을 보았어요. 그러다 스르륵 잠이 들었어요.

"오랜만이야, 정태혁."

"아니. 너는?"

"후후. 나는 레드 월드에서 온 빨간 펜 악당이다!"

"빨간 펜 악당! 이번엔 널 가만두지 않겠다!"

"가만 안 두면 어떡할 건데?"

태혁이는 오늘 태권도 학원에서 배운 자세로 빨간 펜 악당을 향해 발차기를 날렸어요.

"받아라!"

빨간 펜은 잽싸게 공격을 피한 뒤 빨간 줄을 내뿜었어요.

"아직 멀었구나. 정태혁."

빨간 줄이 점점 태혁이의 몸을 칭칭 감았어요. 그때였어요. 저 멀리서 로봇이 날아오는 게 아니겠어요?

"여기야. 여기!"

로봇은 태혁이의 몸을 휘감은 빨간 줄을 잘라 내더니 빨간 펜 악당을 저 멀리 내던졌어요. 신이 난 태혁이는 로봇의 손을 잡고 방방 뛰었지요.

그때 엄마가 태혁이의 몸을 흔들었어요.

"태혁아, 일어나. 저녁 먹어야지. 애가 무슨 꿈을 꾸길래 이렇게 발을 굴러?"

 집중력 대장 정태혁

약속한 날짜가 됐어요. 다행히 발표를 열심히 해서 스티커 열 장을 모두 받았지요. 방과 후 태혁이는 조마조마한 마음으로 선생님을 기다렸어요.

"태혁아, 그동안 수고 많았어. 우리 태혁이가 이제는 눈과 귀와 마음으로 수업을 듣게 되어 선생님은 참 기뻐. 수업 시간에도 열심히 집중하고. 집중력 대장이 다 됐던데? 오늘 아침에 레드 월드에서 연락이 왔단다."

"뭐, 뭐라고요?"

"레드 월드에 안 가도 된대!"

"정말요?"

"자, 선생님이랑 약속했던 로봇!"

"우아! 감사합니다."

"선생님은 우리 태혁이가 정말 대견하고 기특해. 그리고 이 선물은 태혁이 어머님이 마련해 주신 거야. 태혁이가 상으로 받으면 가장 좋아할 게 뭘까 고민하다가 어머님과 이야기를 나눴거든. 어머님께서 태혁이 수업 태도가 좋아지면 로봇

을 꼭 사 주고 싶다고 하셨어."

로봇은 어제 태혁이의 꿈에 나왔던 로봇과 꼭 닮았어요. 듬직한 로봇이 방긋 웃고 있었어요. 이제 태혁이는 빨간 펜 악당들과 정말 안녕이에요!

태혁이는 그 후로도 수업 시간에 집중하고 늘 경청했어요. 물론 태권도 검은 띠도 땄고요. 학교 가는 게 즐거워진 태혁이는 늘 마음속에 다섯 가지 약속을 새겼답니다. 학교에서 집중력을 잃지 않기 위해서요.

1. 알림장 쓰기
2. 가정 통신문 챙기기
3. 숙제와 준비물 챙기기
4. 수업 시간에 집중하고 열심히 참여하기
5. 다른 친구들 방해하지 않기

보호자를 위한 우리 아이 집중력 높이기

자꾸 딴짓하는 우리 아이, 무엇이 문제일까?

아이가 공부하려고 자리에 앉았습니다. 연산 문제집과 한자 교재 한 장씩 풀고, 얇은 영어책 한 권만 읽으면 됩니다. 10분이면 모두 끝낼 수 있는 양으로, 아이의 의견을 물어 함께 정한 하루의 학습 목표이지요. 하지만 아이는 한 문제를 풀고 지우개를 만지작거리기 시작합니다. 보호자는 말합니다.

"집중해서 해야지?"

아이가 이번에는 한 문제를 풀고 물을 마시겠다고 합니다. 그리고 조금 있다가는 갑자기 책상 밑으로 기어들어 가더니 장난감을 가지고 놀기 시작합니다. 꾹 참고 있던 보호자는 소리칠 수밖에 없습니다.

"너는 왜 집중을 못 하니? 10분이면 끝낼 것을 세월아, 네월아, 하면서 언제 끝낼래? 이래 놓고 공부할 게 많다고 징징거리지?"

실제로 많은 아이가 집에서도, 학교에서도 잘 집중하지 못합니다. 어쩌면 당연한 것일 수도 있습니다. 초등학생이 집중할 수 있는 시간은 정해져 있으니까요. 1학년은 평균 10~15분, 2학년은 20분, 3·4학년은 30~40분, 5·6학년은

50~60분 정도입니다. 우리 아이의 평소 집중 시간이 얼마나 되는지 확인해 보세요. 평균 시간보다 훨씬 못 미친다면, 전문가를 찾아 도움을 받는 것도 좋은 방법입니다. 만약 그 정도는 아니라면 제가 앞으로 소개하는 방법들로 아이에게 도움을 줘 보세요.

집중력을 높이려면 어떻게 해야 할까?

1. 시간과 관련된 목표 정하기

아이와 함께 시간과 관련된 목표를 정해 보세요. 예를 들어 책 읽기 20분, 연산 학습지 풀기 20분, 이렇게요. 이때 목표는 아이의 현재 모습을 고려해서 정해야 합니다. 5분도 앉아 있기 힘든 아이에게 20분을 앉아서 해야 하는 것을 시키면 지키기 힘든 것은 물론, 아이에게 좌절감만 안겨 줄 수 있습니다. 5분도 앉아 있기 힘든 아이에게는 먼저 5분을 앉아 있도록 합니다. 한 달을 성공했다면 7분, 10분 차근차근 시간을 늘려 갑니다. 이때 아이가 목표 달성은 물론, 목표에 맞는 긍정적인 행동을 했다면 충분히 칭찬해 주세요.

한 분야에서의 자기 절제 훈련은 삶의 모든 부분을 향상시키는 효과가 있습니다. 그러니 집에서의 이런 훈련이 집은 물론, 교실 안 집중력을 높이는 데도 도움이 될 수 있습니다.

2. 목표를 작게 쪼개 주기

사실 무언가에 집중하는 건 쉬운 일이 아니에요. 어른들도 집중이 안 될 때가 있으니까요. 그래서 우리 아이들은 집중하고 싶은데, 집중하지 못하는 것일 수도 있어요. 그래서 보호자는 아이에게 행동 및 목표의 단위를 뭉뚱그려서 주지 말고, 쪼개 주어 도움의 사다리를 내려 주어야 합니다. 예를 들어 "오늘 연산 문제집 두 장(1번부터 20번까지)하기로 했지? 여기까지 다 풀어."라고 말하는 것이 아니라, "1번부터 10번까지 풀어 보자."라고 이야기한 후 아이가 다 풀면 다시 "11번부터 20번까지도 풀어 보자."라고 이야기하는 것입니다.

책을 읽을 때도 단순히 책을 읽으라고 명령하지 않고, 적극적으로 도와주는 것이 좋습니다. 같이 앉아서 표지도 보고, 그림도 살펴보고, 앞부분은 아이와 번갈아 읽다가 아이가 이야기에 관심을 보이면 그때 책을 넘겨 주는 것이지요. 아이가 책에 집중하기 시작할 때, 보호자도 옆에서 다른 책을 읽으면 더 좋고요.

3. 집중할 수 있는 환경 만들어 주기

산만한 아이는 주변의 사소한 자극에도 쉽게 주의력이 흐트러집니다. 생각해 보세요. 거실에서 텔레비전 전원을 켜니, 방 안에 있던 아이가 어느새 슬금슬금 거실로 나온 경험 있지 않나요? 아이가 공부에 집중하고 있다면, 잠시 가족들도 핸드폰과 텔레비전 보기를 멈춰 주세요. 그리고 아이의 눈에 장난감이나 놀잇감이 보이지 않도록 깔끔한 환경을 만들어 주는 것도 필요합니다.

4. 마감 기한 설정하기

아이가 어떤 일을 해야 할 때 정확한 마감 기한을 설정해 주세요. "오늘 할 일은 다섯 시까지 하자.", "엄마 장 보고 올 때까지 해 놔." 이런 식으로 말이지요. 마감 기한은 아이의 성장을 끌어내는 방법 중 하나이지만, 불편해하는 아이도 있습니다. 그러니 마감 기한이 주는 긴장감이 우리 아이에게 긍정적으로 작용하는지, 부정적으로 작용하는지를 잘 판단해 활용하세요.

5. 충분히 뛰어놀 시간 주기

교실 이야기를 해 볼게요. 체육을 한 다음에는 유독 아이들이 수업에 집중을 잘합니다. 왜일까요? 바로 체육 시간에 자신의 에너지를 마음껏 발산했기 때문입니다. 신체 활동은 뇌의 혈액 순환에도 좋지만, 운동 피질과 가까이 있는 뇌의 작업 영역에 지대한 영향을 끼칩니다. 운동 피질이 활성화되면 산소가 풍부한 혈액이 뇌에 흘러들어와 근처에 있는 작업 기억 역시 효율이 높아지는 것이지요.

그러니 가정에서도 아이가 충분히 뛰어놀 수 있는 시간을 주세요. 집중력을 높이기 위해 매일 책상 앞에만 앉아 있게 한다면, 괜한 반발심만 강해질 것이니 밖에서 뛰어노는 시간은 꼭 필요합니다.

수업 시간 집중력을 위해 가정에서 해야 할 일은

매일 일정한 규칙대로 움직이는 안정적인 생활입니다.

기상 시간, 등교 시간, 저녁 시간, 잠자는 시간 등

얼핏 보면 지루해 보이는 일상을

아이가 규칙적으로 할 수 있게 도와주세요.

그리고 작은 목표를 세워 매일 꾸준히

해 나갈 수 있도록 응원해 주세요.